多赚一倍 V

营销心法

李　鲆◎著

金城出版社
GOLD WALL PRESS
中国·北京

图书在版编目（CIP）数据

多赚一倍V：营销心法 / 李鲆著. — 北京：金城出版社有限公司, 2021.6

ISBN 978-7-5155-2191-6

Ⅰ. ①多… Ⅱ. ①李… Ⅲ. ①营销－通俗读物 Ⅳ. ①F713.5-49

中国版本图书馆CIP数据核字(2021)第072876号

多赚一倍V：营销心法

作　　者　李　鲆
责任编辑　王寅生
责任校对　岳　伟
开　　本　880毫米×1230毫米　1/32
印　　张　8.5
字　　数　50千字
版　　次　2021年6月第1版
印　　次　2021年6月第1次印刷
印　　刷　天津盛辉印刷有限公司
书　　号　ISBN 978-7-5155-2191-6
定　　价　59.00 元

出版发行　**金城出版社有限公司**　北京市朝阳区利泽东二路3号　邮编：100102
发 行 部　（010）84254364
编 辑 部　（010）64391966
总 编 室　（010）64228516
网　　址　http://www.jccb.com.cn
电子邮箱　jinchengchuban@163.com
法律顾问　北京市安理律师事务所 18911105819

人生无处不营销

《多赚一倍 V：营销心法》是“多赚一倍”系列图书的第五本，但写作时间比之前的四本都要早。

早在 2016 年，我开始在微博和朋友圈随手写一些关于营销的想法，后来做了个小册子，名曰《再烂的产品也能卖出去》，送给我的学员和会员，收到了很多过誉之词。有位朋友写了上万字的笔记心得，说这本小册子打开了他的营销新世界。

而这朋友是一位年销售额上亿的企业家，这让我既惶恐，又有点自得。

2021 年，我把这些内容重新编辑，增加了一些内容，作为“多赚一倍”之五出版，就是这本《多赚一倍 V：营销心法》。

可以把之前出版的《多赚一倍 II：模拟成交》与《多赚一倍 V：营销心法》做个对比：《多赚一倍 II：模拟成交》讲的是“术”，是实操层面的，照抄作业就能成倍提高成交率；《多赚一倍 V：营销心法》讲的是“道”，是思维层面的，是需要思考、消化才能受益的。

或者可以这样理解，《多赚一倍 V：营销心法》就是营销的底层逻辑，是创业的底层逻辑，甚至可以说，是一切商业行为的底层逻辑。把事情做好的底层逻辑，其实是相通的。

不要以为只有创业者、推销员才需要营销。事实上，人生无处不营销。谈恋爱、求职、升职加薪，甚至日常人际交往，其实都是营销。

或问：鲜叔，你讲了这么多，能不能用一句话概括营销心法？

有点难，但也不是不能。

所谓营销心法，就是满足客户需求。

切记：你不是在卖产品给客户，而是在满足客户需求。你需要有利他思维，需要习惯换位思考，了解客户真正的痛点、爽点、痒点，去满足他。所谓产品，只是你用来满足客户需求的工具。所以我才会说，“再烂的产品也能卖出去”。

就这么简单？是的，就这么简单。

但是说来容易做来难。要满足客户需求，需要不断地修炼。

我们一起努力。

李 鲆

2021 年 4 月

你可以把任何产品，以任何价格，

卖给任何人。

只要你能提供他所需要的价值。

顾客不会为你的产品买单，只会为自己的需求买单。

换句话说，顾客购买的并不是产品本身，是依附于产品的某些（堪称奇怪的）需求。

满足这些需求，再烂的产品也能卖出去。

身为客服，在你不了解顾客需求之前，任何回答都是错的。

身为产品人，在你不了解顾客需求之前，做任何产品都是危险的。

用户往往并不知道自己的真正需求是什么，需要你来引领他。

在汽车发明之前，受众并不知道自己需要汽车，他们只会说，“我需要一辆跑得更快的马车”。

同样的逻辑，在苹果手机发明之前，顾客并不知道自己需要一台智能手机。

引领是比迎合更高明的营销。

调研、讨论、数据分析，都很难洞察用户的真正需求。

需求来自你对用户的长期的、深入的了解。

用户的抱怨、投诉，有助于你发现他真正的需求。

从理论层面来说，再烂的产品也能卖出去。

从实操层面来看，产品设计才是第一营销。

再烂的产品也能卖出去，体现营销人的能力；

选择最好的产品做营销，体现营销人的智慧。

产品设计才是第一营销。

这句话有两层含义:

1. 选择好的产品做营销，可以事半功倍。

2. 营销应该向前延伸，不是做好产品后才去做营销方案，而是在产品设计时，就要用营销的逻辑去做产品。

好的产品必然自带静销力。

所谓静销力，即说服力和传播力。

说服力是让顾客容易看到产品，

而且看到产品就想购买；

传播力是让顾客愿意替你做推

广，而且方便替你做推广。

产品人重视产品本身;

营销人考虑顾客需求。

用营销人的思维做产品。

就是说，你需要预知产品的受众是谁，他们在哪里，有什么样的消费预期、消费习惯、消费心理，你该怎样做才能抵达他们、说服他们。更进一步说，怎样形成品牌推广，怎样让客户帮你传播，让客户升级为代理。

不要过于相信调研和数据。

你完全可以通过样本选择、问卷倾向，得出任何你要的结论。

以经验和数据打底的，穿透现象直达本质的直觉，可能才是最重要的。

何为策划？调动和整合资源。

何为营销？抵达、说服、购买。

何为多层后端？复购、组合、裂变。

提供价值就对了；

推销产品就错了。

不断分享有价值的内容，是最有效的营销。

好消息胜过坏消息，坏消息胜过没有消息。

没有消息才是最坏的消息。

炒股、发朋友圈，为什么容易让人上瘾?

因为它们都是及时反馈的，而且结果都是不确定的。

及时反馈、不确定性，是让用户欲罢不能的两大法宝。

超级赠品的四大策略：

1. 最好不要产生实际成本。

2. 能为获赠者带来巨大价值。

3. 能给自己带来更大传播和裂变。

4. 能给自己带来后续成交和持续成交。

准入门槛越低的行业，生存难度就越大。

一来，门槛低，谁都可以做，

竞争激烈，淘汰率高；

二来，老师傅没有什么优势，

几乎和新人站在同一起跑线上，

很容易被人乱拳打死。

酒香不怕巷子深的时代已经过去了。

产品过剩时代，营销十分重要。

社交营销时代，关系比销售重要，信任比产品重要。

同时代理多款产品，需要分设不同的微信号吗?

如果目标受众基本一致，就不需要。

思前想后，不如马上行动。

从不开始，才是最大的失败。

顾客要的从来不是便宜，而是占便宜的感觉。

优质粉丝的标准是，能为自己创造价值。

粉丝就是用来折腾的。

我们当然不能蠢到天天发早安、晚安骚扰粉丝，但也不必两股战战，不敢打扰。

你为粉丝提供价值，粉丝为你付费，这才是我们的目标。

告知、要求、培养、过滤、筛选、删除、纳新，要经常有目的、有节制、有技巧地做这几个动作，你才能得到优质的粉丝。

简单粗暴地说一句：如果粉丝不能为你提供价值，也不会为你付费，那你干吗还要留他在你朋友圈？

收费群比免费群有价值，收费越高的群越有价值。

通过收费，可以过滤掉许多低端粉丝，减少许多麻烦。

什么位置做什么事，做什么事在什么位置，这两句话都有道理。

位置和做事，互为因果。

如果只是觉得，“我在这个位置上只能做这个事”，可能目光就短浅了点；

你努力做不属于这个位置的事，可能就有了新的位置。

打鸡血、吹牛，当然也是有用的营销。

但只有打鸡血和吹牛，肯定是不够的。

如果你不能设计出合理的盈利模式，不能总结出实用的方法，不能让别人从你这里学到东西，赚到钱，只靠打鸡血和吹牛是不可能持久的。

被人利用不可怕。

没有利用价值才可怕。

许多人花出去的钱，都是智商税。

但在不降低别人智商的前提下做营销，是我的底线。

有些事情没有做好，是因为你不知道标准；

有些事情没有做好，是因为你不知道方法；

有些事情没有做好，是因为你不具备相关条件，比如人力、财力、精力、机会、资源；

有些事情没有做好，是因为你要分清主次，优先做好重要的事情。

但对于大多数人来说，没有做好某件事情，原因都只有一个：懒。

成为别人的客户，是让别人成为你的客户的最好方法。

这是我在《微商文案手册》里写过的“互粉互销”中重要的一条。

你先购买他的产品，他对你自然有好感，你就更容易成交。

尤其是对那些，你确定他是个大客户，或者能给你带来更多人脉和资源的人，还犹豫什么？赶快付费给他，而不要去生硬推销。这样你才能得到更大价值。

囤货是把双刃剑。

囤货当然有风险，但高收益伴随高风险，几乎是必然现象；至于一件代发，很少有人能真正做大。

如果你想无风险赚点小钱，可以选择一件代发；如果你目标远大，囤货是必然选择。

囤了货，有压力才有动力，这没错，但也要考量：

第一，你要囤的货是不是符合价值规律；

第二，你是不是有能力、资源把货卖出去。

别被人忽悠了。

提醒各位，不要相信任何人。

你要相信自己，多搜集相关信息，要用自己的脑子做出判断，而不要被别人牵着鼻子走。

哪怕是相交多年、人品很好的朋友，他也可能被别人骗到，然后你就因为信任他而跟着受骗。

这就是我反复强调“我不为任何人提供信任背书”的原因。

我只是告诉大家方法和标准，只是为大家提供平台，对接资源和人脉，需要大家自行选择判断。

不要追问“这是为什么”，而要

思考“应该怎样做”。

这是让你变得更好的唯一方法。

做事之前，深思熟虑是对的，但切忌只想不做。

我越来越有体会：

第一，行动力是解决大部分问题的最佳方法。

第二，你事前以为的很多问题，在真正去做时，就会发现它其实是不存在的。不要被自己以为的困难吓到。

做什么事情，首先要考虑清楚盈利模式，最好是先把钱赚到手，然后再做其他。

试图先做出影响力（粉丝量、阅读量），然后再赚钱的，不是没有，是很少，一百个人里能有三两个就不错了，其他全是炮灰。

相反，一开始就考虑清楚盈利模式，就是奔着赚钱去的，大部分人都是可以赚到钱的。

相信是一种能力，许多人并不具备。

你不能相信的，就是你不能到达的。

我越来越明白一点，我是一个创意型、营销型人才。我没有耐心管理团队，没有耐心做各种细务——虽然我会偶尔处女座上升，对细节有无比苛刻的要求。

那么我要做的就是，做自己喜欢的、擅长的、对自己最有价值也能为别人提供价值的事。把那些我不擅长做的事、不愿意做的事，分配给别人去做。就是这么简单。

大多数人的问题，都可以简化为一个：

我懒，我蠢，我不想学习、不想投资、不想冒险，请问我该怎样轻松地赚到很多钱?

我不喜欢做推销，不喜欢去说服，只是发自肺腑地说一句：

你在犹豫时，别人在奔跑。因为你比别人犹豫的时间长，你需要跑得更快，才能跟上别人的步伐。

总是在磨叽的人，最终一事无成。

我的风格，一直是“简单粗暴”。

简单粗暴可以理解为，如无必要，勿增实体；

可以理解为，分清主次，抓大放小；

可以理解为，更多信息，高效沟通；

可以理解为，重点突出，多做减法；

可以理解为，劈开冗余，直达核心；

可以理解为，亮明底线，不多废话；

可以理解为，制订规则，照章行事；

可以理解为，物以类聚，远离不合适的人。

我有个朋友，很喜欢吃鱼翅，你跟他讲环保、生态，讲鲨鱼死得有多惨，都没有用。

后来我对他说，鲨鱼位于食物链高端，体内富集水银，含量超过标准含量42倍，他马上把鱼翅戒掉了。

这就是“利他思维”。你不能站在受众的角度思考问题，你做营销的出发点是“我”而不是“受众”，那你说出大天来，也没有什么用。

你要简单粗暴地对待一些人，一些事，才可能耐心温柔地对待另一些人，另一些事。

后者很少，很重要。

我个人的习惯是，二选一时，在能够承担的情况下，选贵的。

贵总是有贵的道理，贵，通常代表更高品质、更好服务。

什么是奸商?

100元的东西，你把它卖到500元。

什么是营销高手?

100元的东西，你把它卖到1000元，却提供了10000元的价值。

大多数人只是假装很忙而已。

你真心想做的事，再忙也能抽出时间去做。

“先免费试用，满意后付款”是不是好的微商模式？看具体情况。

如果是在优质人脉圈，每人都是交几千上万进群的，这模式肯定有效，因为收费是一种过滤，低端客户都被过滤掉了。大家拿到东西，哪怕试用了不满意，都不会有几个人要退货、不付钱的，大不了下次不买好了。

但在低端客户群里，比如免费的微信群，真的会有大把的人，收了货，就拉黑你，就是为了占便宜。

还是那句话，跟优质人脉在一起，什么生意都好做。

所有的营销手段，哪怕是很古老的、看上去互相矛盾的营销手段，也都是正确的、有用的。

关键是：谁来用，对谁用，何时用，在哪里用。

你不能用（已经被证实无用的）老办法去解决新问题，达成新目标。

你必须做出改变。

但很多人是不肯做任何改变的。哪怕这改变只是举手之劳，不会增加任何成本，不会有任何风险，只有好处没有坏处。 这就是他们不会有什么成就的原因。

判断某个产品是不是能做，除了产品本身外，还需要看做产品的人。

你所拥有的资源、人脉，你的专业度、情商、学习能力、营销能力，以及你的眼界、格局，以及你的努力程度，都决定了你能不能做好一个产品。

同样一个产品，有人能赚得盆满钵满，有人能赔到只剩内裤。

想做什么就去做好了。

没必要在意别人怎么看你。

他们又不给你钱。

我不喜欢讨价还价——其实还是懂点谈判技巧的，只是不喜欢用。

初次跟人合作，通常就是，不管对方报什么（离谱的）价都会同意，然后看合作情况：如果活儿做得不错，物有所值，就继续合作，甚至主动加钱；如果质次价高，也照样爽快给钱，但以后不会再有合作机会了。

这种做事风格，当然吃过不少亏，但也筛选出了一些值得信赖的合作伙伴。很多时候开始做事了都没有谈价格，也没有签合同，最后报个数就行。

算计、谈判、斤斤计较，也都是需要成本的，它们消耗的是宝贵的时间、精力和心力。我尽最大可能减少这些成本。

这些年，我给几个朋友出过一些主意，多是些基本不增加什么成本、每年能多赚几十万的。但这些主意（或者叫创意吧），对我自己是没有用的。

我不缺创意，但创意想要落地，就需要在某个领域的专业积累，需要有大量的资源、人脉，需要投入很多时间、精力，这些是我所不具备的。

耶稣名满天下后，回到故乡讲道，忽然有人喊了句："这不是当年在马槽里出生的那个小子吗？"一众人等就嬉笑着四散而去。

嬉笑的人当然是蠢人，很多年来，他们没有什么进步，还是固守在原先的层次里；但耶稣也错了：世界这么大，为什么要回故乡传道呢？

你再厉害，也很难改变从前的熟人对你的刻板印象。没必要生气，略带优越感地心怀怜悯好了：

你已经有了更大的世界，他们却还在井里。

有一件我百思不得其解的事：总有人在向我咨询、请教问题时，试图说服我接受他的观点。我说一句话，他能有三句话反驳我。我就奇怪了，你交了钱给我，买我的时间，是为了什么？是为了反驳我，说服我？

鲜叔有一个厉害的问句：

如果你的想法都是对的，那你为什么做不好（赚钱少、不开心、混得惨）呢？

请多反思。

熟人使人落后。

如果十年后，你的朋友圈里还是现在这些人，那你混得是有多落后。

不断向前走，不断进入新的圈子，不断退出旧的圈子，不断结交更优质的人脉。

跟优秀的人在一起，你才容易变得更优秀。

不说服，不解释，不生气，不挽留，不遗憾。

我们的人生，就像一条长路，总有人会和你一起走上一段，然后因为方向不同、步伐快慢等原因分开。你还会遇上新的同行者。

执于旧好，不结新欢，其实挺傻的。

顾客这个概念太笼统了。

顾客起码包括三种：受众、使用者和购买者。

受众面最大，包括所有对你的产品感兴趣的、却未必愿意去使用、未必愿意埋单的人；

使用者的范围就小很多，他们会使用产品，但未必有意愿或者有实力埋单；

购买者可能是使用者，也可能不是，比如父母为孩子买少儿读物，男人为女人买情人节礼物。

我最常用的成功营销法：

1. 欲取先予。先让对方赚到钱，自己再从中赚钱。

2. 取一予十。赚对方 1000 元，要提供给对方 10000 元的价值。

3. 无风险承诺。先试用再给钱。或无理由退换。或不满意退钱且不必退货。

4. 限时优惠。“一直在涨价，从来不优惠”其实也是限时优惠的一种。

5. 层层过滤，培养、筛选客户。

6. 打造信任。

赠送产品给别人试用，该不该要快递费（到付）？

建议是，视情况而定。

如果是你主动联系对方要赠送的，当然不应该要快递费，更不应该到付。

如果是你公开做活动，那你可以制订规则，比如产品免费送、需要收多少快递费或者到付。愿者自来。

如果你有足够的量，能压低快递费的话，免费赠送、收快递费甚至都可以做成赚钱的生意。

关于赚钱，我有几个不赚：

1. 不赚穷人钱。

2. 不赚麻烦钱。

3. 不赚亏心钱。

4. 不赚太过冒险的钱。

5. 不赚没有积累的钱。

说说我的创业经：

1. 定目标，再找路径和方法；

2. 提高行动力，想做的事情马上去做，在行动中解决问题，不要拖延，不能总待在舒适区，也要避免太过冒险；

3. 已经用过的有效方法，也不能过于依赖，要不断出新招和创意；

4. 果断放弃不值得做的事，哪怕是你特别擅长和喜欢的；

5. 小步快跑，不断试错，及时复盘；

6. 请教高人，集思广益，最后独断专行。

行动力是解决一切问题的根本。

你本来觉得不会的抑或不可能的事，当你去做了，一切问题就都解决了。

你最大的问题是，一直在假装解决问题。

每一天，你都需要有一小段时间，让自己独处，静思。

每一天都殚精竭虑，每一天都江郎才尽，每一天都会有深刻的自我怀疑。

可能只有这样，才能不断打破自我设限，不断产生新的创意，不断成长。

说不要把爱好变成工作的，其实没有真正“爱”过，只是“好”——叶公好龙的“好”。

若你真的热爱，根本不会觉得苦累。你只是单纯地喜欢去做它，愿意投入所有时间精力，而不去计较得失。

因为热爱，所以可以做到专业、做到极致，顺便也就赚到了钱。

人生至此，还有什么遗憾？

有正确的方向、方法，赚钱是能容易点，但也因人而异。

但谁要说你选择个什么项目，就能百分百赚大钱，我就送你两个字：别信。

所有“一定能赚钱”的宣传，都一定不要信。没这种好事。

老话说有同行没同利，同一个项目（产品），不同的人来做，效果肯定不一样。

大家的资源、人脉、智商、经验、性格、努力程度等，决定了最后的结果。

不是说你赚够了钱再去过你想要的生活。

而是你要去过你想要的生活时顺便赚钱。

没有什么问题是比“我的问题”

更容易解决了。

基本就是，“我轻轻一想，就能

碰到天堂”。

我们的问题分两种：

第一种是自己知道的问题，这种问题通常比较容易解决；

第二种是自己不知道的问题（但是别人可能知道），不自知，所以几乎没有办法解决。

我是一切的根源。

正确的理解是：要解决问题，先从改变自身做起，不要推给别人。

错误的理解是：一切都是我的错。

觉得累，都不对。

为什么会觉得累?

第一，方法不对。用正确的方法做事，会越做越轻松；用错误的方法做事，会越做越累。

第二，目标不对。给自己定的目标太高，远远超出自己的能力和能调配的资源，自然疲于奔命。

第三，选择不对。自己不喜欢的事，又不得不去做。抗拒就容易心累。

聪明人闻过则喜，蠢人需要别人照顾他的感受，越蠢的人需求越强烈。

你已不是昨日之你，你面临的也是新的境遇，你的思维却还是昨日之思维。大多数人都是如此。

极少数人，用更高的智慧指导当下的生活；大多数人则相反。

各位，“这件事我想做，可是因为……，担心做不好。我到底该不该去做？”以后这类问题就再不要来问我了。我从来不替人做决定。

以及，问这类问题的人，你最大的问题，是缺乏行动力，以及自信。

生而为人，会在某个顿悟之后，发生迅速的、深刻的、不可思议的改变。

就像你身处暗室，按下一个按钮，整个房间就全亮起来了。

商业也需要想象力。

想象力来自经历、学识、眼界、格局、野心、天赋、所处圈子等综合因素。

盛名之下无虚士。

哪怕他的能力配不上他的盛名，但他能有盛名，肯定还是有两把刷子的；起码在某些方面，比没有盛名的人强得多。

我年轻时，遇到盛名之人，习惯发现“皮袍子下面的小”，然后挑剔、嘲讽；现在就习惯分析他何以盛名，向他学习。

我们总是会遇到挫折。不必焦灼，不必沮丧。

一条路走不通，换条路再走；一件事做不成，去做下一件。

你要专注于目标，专注于解决问题，不必关注别人的看法，不用担心丢脸啦、被别人笑话啦……这是没有意义的。

只要你在路上，就总会遭遇挫折。

要想从不犯错，除非永不开始。

微商应该做熟人生意还是陌生人生意?

标准答案是:做好熟人生意,用熟人影响陌生人,把陌生人也变成熟人。

当然具体到个案,可能会有不同。有人根本不理熟人,完全从零开拓一个全新市场,但这只是少数。

标准答案适用于95%原则。

永远不要试图用内容赚钱。

你需要发现需求、满足需求才能赚到钱。

很多人只是在努力证明自己一无是处。

尽量不要花钱请人做事。

而要让人给你钱，再帮你做事。

愤怒是无能的表现。强者不需要愤怒，只需要制订游戏规则。能遵守规则，大家就一起愉快地玩耍；不能遵守游戏规则，就一别两宽，各生欢喜。内心强大，无所畏惧。

我们总是在不断地遇到问题，不断地解决问题。

善于解决问题者，会遇到更多更困难的问题。

不善于解决问题的，需要面对的问题很少，但可能一辈子都解决不了，也就一辈子原地踏步。

就像你打游戏，开始遇到的都是小角色，你需要不断地打怪升级，才能一步步接近终极大 BOSS。

做人不开心，跟咸鱼有什么区别？

有趣的是，你最后的强项，往往是你最初的弱项：因为知道自己弱，所以努力打磨，拼命训练，最后反而变成了强项。

最终你会发现，你要做的所有事，都离不开一件事：认识你自己。

唯有对自己有清醒而深刻的认识，才能改变错误的初设模式，让你更自由、更智慧。

真相并不重要，重要的是你选择相信什么，和你能从中学到什么、得到什么。

参与越多，得到越多；

付出越多，得到越多；

分享越多，得到越多；

感恩越多，得到越多。

有时你会迷惑，会恐惧，会厌倦，会对自己产生深刻的怀疑；

又有时，你会自信满满，藐视一切困难，像推土机一样隆隆前行，粉碎一切障碍。

无论如何，我们都要一直往前走。

再次提醒自己：所有的事都是一件事。

你能做的事情很多，但要严格过滤，不在这“一件事”里的事情，都要果断放弃。

要分清轻重缓急。

要联合一批人一起做事，不要自己事必躬亲。

还有，要有行动力，但也别太着急。

做事需要两种能力：

1. 判断一件事值不值得去做的能力。

2. 把一件事做好的能力。

第一种能力，往往更重要。

这个世界的规则无非是，拿你有的，换你要的。很公平。

你能拥有更多，你能给别人更多，你也就能得到更多。

所以我才说：当你成为资源，所有资源都会涌向你。

关于赚钱的心理问题：

1. 坚定不移地爱钱。不要犹豫，口是心非。

2. 坚定不移地相信自己值钱。你懂许多东西，都是耗费了许多心血才学到的，对于不懂的人来说，就是有价值的。

3. 坚定不移地相信，赚钱是在帮人忙。帮人解决问题，带来更多价值。

这三个坚定不移，可以改善我们和金钱的关系，让我们赚钱变得像呼吸一样自然。

弱者习惯抱怨，强者习惯改变。

鸡汤有用，但第一，不能被蠢货看见，第二，不能被骗子利用。

所有道理，哪怕是相互矛盾的道理，也可能都是对的。只是看应用于何时、何地、何人。

勇猛精进的人，自然要劝他深思熟虑；优柔寡断的人，自然要他提高行动力。

头脑简单的人，告诫他选择大于努力；懒惰不前的人，告诉他努力改变命运。

这才是鸡汤的正确打开方式。他本来就一根筋，你还告诉他坚持就是胜利，这不是害他吗。

创意就是做减法。

你又不给我钱，我干吗要跟你生气？

最终你会发现，阻碍你前进的，

是你的长处。

愤怒源于无力感。

对与己无关的事情愤怒，源于以身代入的无力感。

一些人的逻辑是：你这么贵，

我付不起，所以你是个骗子。

离这些人远点。

没有十全十美的营销方案。

营销方案的选择标准是：收效是否大于副作用，且无更优替代方案。

没有谁是完美的。我们只是努力让自己变得更好。

销售真正要做的事，是解决客户的问题，而不是推销自己的产品。

细琢磨了一下，做产品有四重境界：

1. 做一款产品去赚钱 。

2. 做一款能赚钱的产品。

3. 做一款符合自己气质的产品 。

4. 做一款让顾客跪求的产品。

让我哭，让我笑，让我愤怒，让我吐槽，让我觉得自己是正义的。此谓社交媒体用户五大需求。

人生在世，你只需要明白两件事：

1. 这个世界上绝对有含着金汤匙出生的人，绝对有聪明到不需要努力的人，绝对有没钱也可以过得很快乐的人，绝对有很作还会被宠溺的人，绝对有很蠢但运气很好的人。

2. 你绝对不属于以上任何一种人。

然后你就明白，自己该做些什么了。

零风险承诺适用于愿意为价值买单、只是担心上当受骗的人，不适用于一心想占便宜的人。

后者，我们离远点就是了。

你根本不用在乎别人会怎么看你。

你只需要坚定一个态度，持续发声就够了。

会有人质疑你，拉黑你；但也会有人相信你，追随你。

一直前行。不断过滤。到最后，留在你身边的，就都是你的铁杆粉。

关于犯错：

1. 只要做事就会犯错误，要想从不犯错，除非从不开始。

2. 但从不开始就是最大的错误。

3. 允许犯错，但不允许反复犯同一个错误。

4. 不知道错在哪里，比错误本身更可怕。

5. 世界在变，从前的成功经验，现在可能已经大错特错。

6. 经常拷问自己，怀疑自己，然后勇猛精进。

错误分三种：

1. 可以犯的错误：遇到新问题，没有经验，可以犯错。在犯错中总结经验，得到成长。

2. 绝对不允许犯的错误：同一个问题，反复犯错；已经明确不允许做的事，还是要去做。

3. 鼓励去犯的错误：在风险可控的前提下，去创新，去尝试，在犯错中寻找新的机会。

到最后，你会发现，你有多成功，能赚多少钱，其实取决于你能整合多少资源。

你要用你的智慧、努力、时间、资源去换取资源，整合资源。

大部分人所谓的自尊心，都是玻璃心。

大部分人所拥有的那点智商和学识，刚好够用来为自己的愚蠢、懒惰做辩护。

总会遇到这样的人：你发红包他就来抢，你免费他就来占便宜，你开始收费他就说你是骗子。

跟这种人有什么好说的？赶快拉黑。

你有的，就是正义的；你得不到的，就是邪恶的。

提醒自己不要有这样的低级思维。

项目增加收入的方法：

1. 增加客户量。

2. 增加客单价。

3. 增加复购率。

4. 裁掉冗余人员，压缩成本。

5. 涨价或隐形涨价，增加单次利润率。

6. 多层次后端利润开发。

7. 让客户变成推广者，减少营销成本。

无论你做什么，总会有人不满意。

无论你走多快，总会有人比你更快。

但尽人事，各安天命。

你懂得太多了，所以一事无成。

你无法决定的事情，就不要太过担心。

你只需要专注自己可以左右的事情就够了。

脆弱的人眼中，全世界都是钉子。

秘诀只有一个：马上去做。

你听过很多课，想过很多事，

做过很多规划，但不去开始，

就等于零。

你根本不用担心别人怎么看你。

你不够厉害时，别人根本看不见你。

学我者生，似我者死。

别人用得很好的方法，未必适合你。

你需要找到跟自己的能力、风格、

资源等相匹配的。

帮人，分两种：

一种是慈善意义上的帮，力所能及范围，顺手帮就好，不要伤筋动骨；付出就好，不求回报。帮完了，就把它忘了吧。我本将心向明月，不必在乎明月照沟渠。

另一种是商业逻辑的帮。我是习惯顺手帮人，但最终让我愿意付出更多的，肯定是那些能给我带来更多价值的人：给我更多资源，让我有更大的名声，赚到更多的钱。这就是交换，要算投入产出比。

你想得到更多，就不能只把自己放在弱者的位子——我们能给一个乞丐多少呢？你要努力让自己更有价值，能为别人提供价值。

可以全力以赴，不要孤注一掷。

所有没有明晰盈利模式的商业规划都是耍流氓。

所有不计算投入产出比的营销活动都是耍流氓。

如果一件事大多数人都做不好，你凭什么能做好呢？ 我通常的思维模式是：

1. 根本不碰这件事，我会选择更容易做的、回报更高的事做。在这个时候，选择大于努力。

2. 我会认真琢磨这件事，找出解决的办法来，哪怕是一点点改善的方法，然后我还是不会去直接做这件事，而是去教别人怎么做，从中得到更高回报。这个就是“痛点创业方程式”。

普通人做事，要少用直觉，甚至少用经验，尽可能用逻辑，用数据；

但当你足够优秀，反而应该更多地用直觉。

直觉是用大量的数据、逻辑、经验培养起来的，闪电般抵达本质的本能。

为什么要少用经验?

因为这世界变化太快,你从前的经验,到现在可能就是错的。

一个时代结束了,但这个时代的人还活着,还在用旧经验做事,所以他们活得很惨。

我生造过一个词,“经验障”,意思是,你旧有的成功经验,会成为你的障碍。

一定要不断反思,一定要与时俱进。

你一直在忙着赚钱，哪里还有时间赚更多的钱呢？

你认识别人，那不叫资源；

别人认识你，勉强叫资源；

别人可以从你这里得到好处，你们可以互相利用，才是真正的资源；

你可以把别人和别人联合起来，自己成为平台，就是最大的资源。

谁还没有无能为力感呢，面对这个千疮百孔的世界……

我只能说，如果你不能改变环境，那就去改变自己；

如果连自己也改变不了，那就只剩下一个选择：

去尽情抱怨吧。

而我渐渐学会，既勇猛精进，又顺势而为。

“鲆叔，每次跟你聊完天，就觉得人生充满希望。”

“我并没有给你希望。我只是让你知道，人生还有无数种可能。而大多数人是在坚持那条艰难而没有意义的道路。”

什么是好的培训?

打鸡血、飞段子,都不算,听的时候热血沸腾或是笑声不断,听完了什么都得不到,这种培训就是耍流氓。

好的培训内容,应该具备前瞻性、实用性两个特点。

前瞻性,是宏观的,指明方向的,别人只看到一步,你能指出三五步;

实用性,是微观的,关注细节,实操性强,听了马上可以用。

大部分人终其一生，都在假装。

假装自己没有什么欲望和梦想；

假装知足常乐：

假装满足现状。

他们觉得，自己不配拥有更好的；

他们从来不敢相信，自己有改变现实、让自己过得更好的能力；

甚至，他们对改变本身有着根深蒂固的恐惧，哪怕理性分析的结果是，改变是轻而易举的，只有益处没有害处的，他们也还会本能地退缩。

承认你有更多的欲望。

相信自己有能力得到自己想要的一切。

离开惯性的泥潭，去拥抱变化。

你值得拥有更好的生活。

大部分人经常做的事，是在欺骗自己。

他们不敢面对真实的自己，不敢面对人性的幽微和复杂，不敢面对自己的欲望和决绝。

他们想成为一个符合道德规范的人，符合他人标准的人，符合自己对好人的定义的人，就要不断地欺骗自己。

但是你只要听他说上半个小时话，就会发现许多自相矛盾无法自圆其说的地方。面对自己需要勇气。但这是成长的必修课。

没有任何一件事情的结果跟你最初的设想是完全一致的。

不要试图画出完整的蓝图，然后去严格按照规划实施它。

有个基本的想法、方向、框架，马上去做，在做的过程中去发现问题，调整战术。

行动力比深思熟虑更重要。

你能做到什么程度，这叫能力；

你有能力做却不能去做的，叫底线。

你全力以赴，不如别人随便做做。

嗯，要努力成为“别人”。

有很多人，今天做的事跟昨天没什么区别，这个月做的事跟上个月没什么区别，今年做的事跟去年做的没什么区别，甚至，现在做的事跟十年前没什么区别——多么无趣、无望的人生。

当你自由之后，你会发现，你可能并没有足够的勇气、能力、节制、安全感和爱，来支撑你走完余下的路。

培训会收人，沙龙收心，招商收钱。

演讲成交方程式的核心其实是假装做培训、其实做招商。

但越是假装，越需要干货。

没有绝对的干货，没有巧妙的植入，没有人性的洞察，做不好演讲成交。

这个世界不会更好，自己可以变得更好。

我一直在做各种营销实验，有些很成功，有些则不太理想。

成功的实验，有些是可以反复用的，有些则时过境迁，需要用一次就扔。需要有辨别的智慧和舍弃的勇气。

不够理想的，有些是开始就错了，有些则是规划很好，细节没做好。

还是需要清醒的判断，需要清晰的框架和操作流程，需要不断地试错和升级迭代。

成与败，其实并不重要。起码没有那么重要。

事情做成了，未必你做的就是对的，可能只是运气好，天时地利人和，甚至你许多地方都有问题，也能一路顺风顺水。

事情没做成，可能只是时机未到，需要等待；可能是细节没有做好，需要优化；可能是你没有合适的资源和人脉，继续找就是。

没有做成的事情，也可能是正确的。

知道什么是正确，这很重要。

坚持做正确的事情，不断发现问题解决问题，其他的，交给时间。

健身是一个不断地突破舒适圈的过程。

不断挑战极限，不断让自己适应不舒服，在这个过程中，一点点地强悍起来。

其实做什么不是呢？你想做成点事，就得不断地遭遇未知，解决问题；就得不断地离开旧的人际圈子，进入更好的圈子。

圈子是用来离开的。

所有习以为常的圈子，人际的，思维的，都是你的舒适圈。不断离开旧圈子，不断进入新圈子，才能有更好的圈子。

反思我这么多年来，所犯的最大的错误，就是一直在靠能力赚钱。

一直觉得自己有能力，拼命提高自己的能力，过于依赖自己的能力。

善泳者溺于水。

中产阶级会越来越穷。

这不只是中国的问题，也是世界性的问题。

不加速上升，就不断坠落。

你怎么会天真地以为，只要努力就能成功呢……

努力只是成功的条件之一，甚至不是标配。你还需要出身、资源、人脉、环境、选择、智慧……以及必不可少的运气。

真是有人根本不用怎么努力，就比你我成功得多。你拼命奔跑，最后都不可能抵达人家的起点。

但是话又说回来，如果你本来就什么都没有，不选择努力，还能选择什么呢？

等天暖和了我就去跑步，等忙完这一阵我就去读书……

事实是你一直在等，一直不会开始。

马上去做，比什么都重要。

把远大目标分解成一个个琐屑的日子里，分解到当下的半个小时、十分钟里，而不是堆积到虚幻的未来。

沟通哪有什么难的？说出心中所想就够了。

你只是可能需要做一些练习：

1. 认识自己。明确知道你自己到底想要什么，想表达什么。

2. 就事论事。不代入情绪，特别是代入想象中的恐惧。

3. 重点前置。对于高层次的、熟悉的沟通对象，先讲结论；对于相对低端的、陌生的沟通对象，先讲故事。

一个时代结束了。

悲哀的是，这个时代里的人还活着。

大脑、肌肉都是一样的，你越用它，它就越强壮。

出生无法自己选择，但人生可以自己选择。

你自己选择的人生，你要为自己负责。

不说成功，也不说创业，就说多赚点钱吧，其实是需要一些要素的：

1. 勇气。

2. 智慧。

3. 努力。

4. 资源。

5. 环境。

6. 运气。

这6点，有交叉的地方，也有矛盾的地方，但整体来说，拥有越多，越容易赚多一点。

真正的自信来源于：

1. 良好的自我认知。

2. 不断地超越自我。

你必须非常努力，才能留在原地。

不加速上升，就会不断下滑。

拥有一些看似相互矛盾的东西，会让你更丰富，更有魅力，更有竞争力。

比如，感性和理性，坚定和灵活，简单粗暴与温柔耐心。

永远没有“准备好了”这件事。

要做什么，马上去做；学到了什么，马上应用。

永远坚定，永远热情，永远有不怕挫折和失败的勇气，像推土机一样粉碎一切障碍，隆隆前行。

你可能只是在做自己有把握的事。

去突破一下，做一件超出自己能力范围的，你完全不知道自己能不能做好的事。

然后你可能会发现，你的能力，是超过你对自己的认知的。

商业也需要想象力。

把你达成的目标当成垫脚石，

极目远望，看到更远的远方，

想象更远的未来。

准入门槛越低，竞争就越大，就越容易被超越和颠覆。

需要尽快建立自己的核心价值：专业度、影响力、资源配置。

你最擅长的，别人不容易超越的，就是自己的核心。

不要抄袭，要升级。

做产品，做内容都是一样的。

你哪怕有一丁点儿微创新，就是升级。

升级才有竞争力。

自媒体需要内容，更需要参与感。

个人发展需要能力和努力，更需要格局。

共同利益，可以打造坚固而长久的关系。

制订一个三倍的目标，是比较合适的。目标过高，你自己的能力、资源都不匹配，容易老虎吃天无处下口。目标太低，不值得制订。

三倍目标，首先你现在的思维模式、做事方式已经不适合了，你需要新的思路，需要更多努力。

其次，三倍目标是可以实现的，很多人都没有真正激发自己的潜能，也没有利用好自己的资源。

有些问题根本不值得去解决。

你只要不停地向前走就够了。

所有营销都基于人性，所以你需要琢磨人。

进一步说，所有管理、合作、培训、社群、产品……也都基于人性，所以你更需要琢磨人。

把人性琢磨明白了，做什么都容易了。

但琢磨人的目的不是为了搞人，而是为了做事，为了把事情做好。

没有这个目标导向，就会越琢磨越悲观，越琢磨越阴暗。

资源越少的人，越不愿与人分享；

越没有实力的人，越怕别人占他便宜；

越不会做事的人，越喜欢去搞人。

做人的几重境界：

第一重境界，损己利人，是圣人；

第二重境界，利人利己，是聪明人；

第三重境界，损人利己，是小人；

第四重，损人不利己，是又坏又蠢的人。

向圣人看齐，做聪明人，包容小人，远离又坏又蠢的人。

也时刻提醒自己，不要做任何损人不利己的事，包括最琐屑常见的牢骚、议论之类。

你能做些什么，有时候并不是你能选择的。

有个人丢了个银币，就在路灯下找啊找，找啊找。别人问他："你确定银币是丢在这里吗？""不确定。可是，只有这里才有光。"

我们的努力，往往也不过是"只有这里才有光"罢了。

差异化才是溢价的基础。

人们只相信他们相信的东西。

营销就是用目标受众相信的东西去吸引和说服他们。

把黑豆当成补肾圣品卖高价，就是因为受众相信黑色入肾、以形补形这套理论啊。

我们懂的很多道理，就像雨水打在油布上，直接滑了过去。道理我都懂，其实没走心，更别说照做、改变了。

大部分人，其实都是又蠢又懒的。在职场，大部分人其实都在假装工作，假装努力，都在偷懒耍滑。

你只要用足八小时，多用心，做好本职工作，就已经超过大概80%的人了。

开始做一件事，你可能只需要兴趣，或是勇气；但把一件事持久地做下去，做出超凡的成绩来，就需要不断地努力、思考、学习、坚持、试错……

任何一件事做到最后，拼的都是综合素质。

你需要不断突破自己，才能超越他人。

我之前说过，大部分问题，都可以总结成一句话：

我又蠢，我又懒，我还不想冒险，我怎样赚大钱？

创业者就是要让自己成为全才。

营销门槛其实并不高。

有好用招数，马上就会被人大量克隆。

高手是不断出新的。

需要不断有新鲜的创意，需要靠新鲜创意迅速裂变，然后就不怕被人复制。

翻译成人话就是：你们现在玩的，都是我玩剩下的，懒得再玩的。

不要把时间浪费在比价上。

不要把时间浪费在猜疑上。

不要把时间浪费在争执上。

不要把时间浪费在计较上。

不要把时间浪费在犹豫不决上。

只有美好的事物，才值得你去浪费时间。

营·销·心·法

当我们坚持做一件正确的事情时，可能开始有点困难，越往后走，就越顺利。

对某些人，我说：你要勇猛精进，要有行动力，想做什么马上去做，不要磨磨叽叽；

对另一些人，我说：你要三思而后行，要多学习，要考虑周到，不要冒进。

没有万能钥匙。一把钥匙只能开一把锁。

这是一个快速迭代的时代，你拥有的知识、经验，可能三个月就会过期。怎么应对？

1. 空杯心态，不断学习。

2. 拥抱未来，不迷信老经验。

3. 勇于尝试，敢于试错。

4. 拥有特长，更加专业。

5. 迅速行动，完成比完美重要。

6. 顺势而为，不坚持定位。

7. 高调发声，不要企图闷声发财。

最好是卖自己的产品，包括虚拟产品，比如培训和社群。

但是单一的产品还不够，最好有多个产品，实现复购和多层后端。

你要提醒客户冷静理智，想清楚再来。

这样做可以过滤掉一批麻烦的客户，让后期服务更简单。

不要努力去赚不该赚的钱。

注意创业的优先度，第一现金流，第二利润，第三规模，第四品牌，第五远景，第六才是情怀。

按照这个优先度去做，你就很容易活下来，活得舒服。

草根创业，别学马云。

踏踏实实赚点钱，把规模做小，把利润做高。

不轻易融资上市，就能舒舒服服地活着，

不会有什么创业维艰、九死一生的感慨。

持续赚钱的逻辑其实很简单，一定要让付过费的人，觉得物超所值。

赚钱其实是一门综合能力，可以通过学习、练习、实践来掌握，并不断提高。

向有结果的人学习，比自学效率高，能少走弯路。

一切行业都是咨询业。

是在解决客户的问题。

忘掉技巧，成为本能，

才是学习要达到的目的。

文案是什么？文案不是文学创作，不需要华丽辞藻，不需要所谓的文采。

文案背后，其实是一套完整的营销逻辑，甚至是商业逻辑。

同一个营销套路，不能反复应用于同一个受众群体。

但可以不断应用于不同的受众群体。

为有用的想法付费，其实是企业的战略性开支。

提升公域流量，逐渐转化为私域流量。

一切炫耀都是可笑的。你炫耀的这些，

对于另一些人来说，根本不值一提。

但炫耀和故事（对比），依然是非常

有用的营销手法。

产品成本，需要把流量成本计算进去。

先有产品，后找客户；还是先有客户，后做产品，这是两种完全不同的创业思路。

后者比较容易成功。

最简单的赚钱逻辑:

1. 研究一项技能。

2. 把技能变成产品。

3. 找到流量。

4. 销售变现。

诱惑而不满足，是营销的精髓。

营销不是说服，而是筛选。

永远不要去成交不应该被你成交的人。

不同的思维模式，决定了不同的未来。

销售文案其实是有套路的。

套路就是被证明有用的(营销)技巧。

再优秀的产品(内容),也还是要用套路才能卖好。

你必须设置门槛，把不合适的客户过滤掉。

这就是拒绝式成交。

撞上红利期，任何人都能赚钱。

一个行业刚刚兴起时，市场需求大，同行竞争小，所运营产品可以有很高的溢价，随便做做，就能得到丰厚的收益。

这就是红利期。

谁能赚红利期的钱?

1. 判断力超强的人。

2. 愿意冒险的人。

3. 容易轻信的人。

产品是服务用户的。先有用户，

后有产品。谁能低成本搞定流量，

谁就能做好生意。

认识你自己，知道自己适合做什么、擅长做什么、应该赚什么钱，这非常重要。

如果你是一个执行力爆棚、踏实耐心的人，你更适合去死磕产品。

如果你性格外向、情商很高，可能更适合做销售。

如果你有极强的领导力，那你适合做团队。

你可以不断地突破自己的舒适区，不断地学习提高自己，但你最终还是只能做适合你的公司，赚你能赚的钱。

强行突破的结果，往往都比较惨。

选择薄利多销的行业，还是选择暴利少销的行业？

操作手法完全不一样。

盈利有三个层次：

第一层次：大家都看得懂的盈利模式。

简单说就是在成本基础上加点利润卖出去。比如批发价是 5 元，零售价是 10 元，卖一个产品就赚 5 元。

大部分生意都在这个层次上。这是非常简单而粗糙的盈利模式，也是竞争最激烈的。

第二层次：大部分人看不太懂的盈利模式。

这需要比较复杂的设计，这种盈利模式的核心就是设计产品组合、多层后端。

第三层次：大部分人都能看懂，但大部分人都做不了的盈利模式。

这是靠资源、技术、资金和管理等垄断的生意。

先定盈利模式，再定营销模式。

商业逻辑很复杂，但也可以简单地归纳为两点：

1. 盈利模式

你怎样赚钱？从哪里赚钱？该怎样做才能赚到更多的钱？

2. 营销模式

你怎样把产品（或服务）卖出去？

进一步说就是卖给谁？怎么卖？怎样才能卖得更多？

盈利模式是重中之重。不管你准备做什么，首先都要考虑清楚这一点。

做好社群生意的三个关键点：人靠谱，产品靠谱，价格不离谱。

在这三点里面，人靠谱，是最核心的。

顾客的两大价值：

第一，买我产品；

第二，传我美名。

创业是你有什么粉丝就做什么产品，而不是有什么产品积累什么样的粉丝。

裂变是很好玩的事情，它能帮你无成本起盘。

你不是在销售产品，而是在满足客户需求。

总是强调自己的产品(或服务)质量有多高、有什么特色，其实是没有意义的。

创造出色销售额的首要法则就

是：没有公司，只有人。

不管你是把产品（或服务）卖给具体的消费者，还是公司或批发商，你都要谨记一条原则：以人为本。

你需要成交的是一个个具象的有血有肉的人，而非一个抽象的大而无当的概念。

关于“以人为本”的销售方案的几点建议：

1. 你不是在销售产品，而是在满足客户需求。

2. 引导客户说出购买产品（或服务）的真正原因。

3. 赞美客户。

4. 推销你自己，比推销产品更重要。

5. 情绪和故事会比理性和逻辑更容易成交。

营·销·心·法

价格是收入理论里重要的一个环节，它直接影响了单客价值，决定了你的收入，甚至生死。

不知道我们产品价值的客户，直到我们和我们的同行告诉他。

而最好的告知就是价格。价格即品牌，价格即价值。

靠利益裂变有个很大的问题：大部分人，不好意思赚熟人的钱。

隐形分销的逻辑是，让新客户得到实惠，让老客户既有面子又有里子，这样介绍人就不存在心理障碍。

垄断产品不需要把客户体验做到完美，相反，要故意做到难用，这样它过一段改一点就够了。

20% 的老客户，创造 80% 的价值。

我们在客户关系中最常犯的错误是，花费大量时间和精力在那些新客户、麻烦的客户身上，而不是维护忠心耿耿的老客户。

老客户才是公司的真正价值所在。你能够拥有的老客户越多，你的销售就会越容易，收入就会越多。

发展一个新客户的成本是维持一个老客户的 5 ~ 10 倍。

一个老客户贡献的利润是新客户的 10 ~ 20 倍。

最危险的创业，就是为了情怀。

一个公司最好的产品就是客户。

你打什么广告，卖什么产品，赚什么钱，三者未必要一样，甚至可能完全不一样。只要目标客户一致就好了。

不要只把实物产品当成产品，事实上，你的粉丝也是产品。

嫁接一个好项目，把这些粉丝变现就足够。

低成本获客:

1. 谁能低成本获取流量，谁就能做好任何生意;

2. 学会为流量付费，但尽可能降低成本;

3. 进付费社群加粉是获得优质粉丝的最好手段，付费越高，粉丝质量越高;

4. 发红包吸引别人主动加你，事半功倍。

做产品时，要把流量成本预算进去。

产品过剩，流量稀缺，大家需要
有更多的时间精力来研究流量。

一个生意只要赚钱，就一定有人跟风。

一个产品只要火爆，就一定有人模仿。

一段文案只要有用，就一定有人复制粘贴。

在生意圈谈版权，是没用的。

问东问西，废话半天的人，往往很难成交，而且成交后也很麻烦。

这类人，会问无数奇怪问题，却根本没有行动力。

干净利落，直接给钱的客户，服务起来一般都很轻松，而且容易出效果。

这类人习惯为价值买单，学习力、行动力都很强，问问题很少，简明扼要，还动不动就发红包感谢你。

培训、社群、咨询类产品，是很特殊的。

对这个人来说，一句话值千金，多认识一个人顺风顺水；

对另一个人，就可能你讲多少他都不行动没提升，一个群里几百个付过费的高端人脉，对他没有任何价值。

营•销•心•法

产品组合逻辑非常重要，几乎适用于任何行业。

初创业最好自己单干，别跟其他人合伙。

一切事都自己搞定，创业成功率会更高。

没有盈利模式的定位都是耍流氓。

定位的本质，应该是有效解决现金流和利润。

产品定位是动态的，不是静态的。它是随着时代变化和个人成长不断改变的。

产品定位是优化，不是策划。

策划是绘制一张蓝图，平地起高楼，大部分人是实施不了的。

优化则是做局部的调整，几个细节的改进，这是顺势而为，是比较容易实现的。

企业真正的价值在于，你能拥有多少愿意不断复购的老客户。

传统企业是以产品为导向，先做产品，后去销售。

摆地摊解决的无非是自然流量，也就是客户基数，还有省下了店铺租金。

其他没什么太大变化。

试图用引流产品吸引客户，然后销售利润产品。

但是电商这样做的效果会不太理想，因为大家在电商平台上是习惯比价的。

大公司中高层出来创业，往往容易复制大公司模式：先做团队、做产品、做远景。

但初创公司、特别是微小企业，这样做，几乎是必死无疑。

先赚到钱才是最重要的。

要始终关注现金流和利润。

营销成功的核心是：更多占用受众的时间。

成交成功的核心是：让客户觉得自己是在占便宜。

生意成功的核心是：驾驭更多的优质人脉。

做营销，抵达最难。

再好的产品、模式、规划、营销方案，也都需要（基础）流量的支持。

没有流量，一切都是空谈。

用户是最有价值的产品，你需要更努力经营用户。

产品是跟客户发生联系、让客户给你付费的工具。

成交率越高、利润越高、复购率越高，就越是好产品。

按此定义，包装、文案、海报、服务、客户、情感、人脉、资源……都是产品。

老板自己，更是最重要的产品。

打什么广告、卖什么产品、赚什么钱，三者在表面上是可以不一样的，但有内在的、隐秘的联系。

三者越一致，就越容易被人复制，最终开始价格战。

差异越大，就越有竞争力。

消费者买的不只是产品，更是产品附加的东西。

企业运营的核心是利润，规模和品牌都是为利润服务的。

如果你有多个项目或产品，往往是需要明确重点做哪个的。请参考以下几个指标：

1. 投入产出比高的。

2. 现金流好的。

3. 利润高的。

4. 容易做、可掌控的。

价格的重要组成部分，除了成本外，

很大一部分是理由。

理由越多，定价就能越高。

不要相信薄利多销的谎言。

客户购买你的产品或服务，是因为你能满足他的某个或多个需求，而不是因为便宜。

甚至有时候，价格越低，越会把客户赶走。

无复购的产品怎么做?

1. 尽可能提高客单价和利润率。但客单价太高可能顾客就不买了。

2. 做产品组合。不只是卖一个产品，而是卖系列产品，可以打包卖（套餐），可以设计更高利润的产品。

几点小建议：

1. 别做账期长的生意。

2. 别太相信合伙人。

3. 没想明白盈利模式，就不要去创业。

4. 公司最有价值的产品是你自己。

5. 别租大办公室。

6. 少招员工。

当一个产品不可替代时，用户体验就不是最重要的。

因为它的竞争对手不是别人，只是它自己。

相反，它还可能故意把用户体验做差一点，以降低你的期待值，以便下次它稍微改善一下，你就会满意。

从商业角度来分析，有什么样的消费者，就有什么样的产品和商业模式。你往往只能迎合消费者，而不能教育消费者。

如果你的产品客单价和利润都比较高，或者是比较个性化的定制服务，你确实需要先了解客户的情况，然后再报价，就可以有效提高成交率。

但这样一来，你的时间成本就会很高，很难规模化、批量化成交。

先用免费吸引流量，然后赚取后端利润。

用免费吸引的流量，基本就是奔着占便宜来的，通常消费能力和消费意愿都很差。

你要想有比较好的后端利润，就需要：

1. 很大的基数。

2. 很好的服务。

3. 很好的产品。

4. 针对目标人群的合适的价格。

5. 高明的成交逻辑。